ALLOCUTION

PRONONCÉE

DANS L'ÉGLISE DE VILLERS-SUR-MER

EN FAVEUR

de la Reconstruction du Clocher

le 19 AOUT 1896

PAR

M. l'Abbé LEVARD

CURÉ DE VERSON (CALVADOS)

———※———

AU PROFIT DE L'ŒUVRE

O fr. 50

CAEN

IMPRIMERIE E. LANIER, 1 & 3, rue Guillaume

———

1896

ALLOCUTION

PRONONCÉE

DANS L'ÉGLISE DE VILLERS-SUR-MER

EN FAVEUR

de la Reconstruction du Clocher

le 19 AOUT 1896

PAR

M. l'Abbé LEVARD

CURÉ DE VERSON (CALVADOS)

———

AU PROFIT DE L'ŒUVRE

O fr. 50

———

CAEN

IMPRIMERIE E. LANIER, 1 & 3, rue Guillaume

1896

Erat turris excelsa in media civitate.
Au milieu de la cité s'élevait une
tour, qui la dominait de toute sa
hauteur.

(Lib. Judic. IX. 51).

MES FRÈRES,

C'est le propre de la religion, c'est son glorieux
privilège, de donner à tout ce qu'elle touche, un
caractère d'incomparable grandeur.

Elle s'adresse aux âmes, pour les ennoblir par
la grâce qu'elle leur communique, au nom de
Notre Seigneur Jésus-Christ, et par la vertu qui en
est l'heureuse conséquence.

Elle pénètre les cœurs par sa maternelle influence
et ses plus tendres encouragements.

Elle sanctifie la famille, en la rendant chrétienne.

Elle donne à tous les âges et à tous les conditions le bienfait de ses enseignements et de sa divine lumière.

Mais si, dans l'ordre de la grâce, elle accomplit tant de merveilles, dans l'ordre de la nature, elle n'est pas moins admirable.

Elle bénit les champs et les vergers qui se couvrent de fleurs, de fruits et de moissons.

Elle bénit ces chars de feu qui sillonnent le monde dans leur course haletante, et vous portent si rapidement vers ces rivages enchantés, sur les bords desquels vous venez chercher le repos, la fraîcheur et un utile délassement. Elle bénit ces navires qui, dans leurs lointaines et dangereuses traversées, font acclamer le nom de la France, et portent jusqu'aux îles les plus éloignées, *audite insulæ de longe*, les bienfaits de la religion, en y conduisant les missionnaires et avec eux, tous les dévouements et tous les sacrifices. Et même, lorsqu'elle n'a devant elle qu'une matière inerte, des pierres qui doivent entrer dans la construction des édifices religieux, du temple du Seigneur, de la maison de la prière, *suis coaptantur locis*, l'Eglise inspire par ses bénédictions le génie des architectes qui, dans l'ordonnance et la sagesse de leurs dispositions, méritent l'éloge de l'Ecriture : *ut sapiens architectus fundamentum posui.*

Alors, ces pierres jusque là informes et grossières,

telles que la nature les a faites, prennent tout d'un coup des formes gracieuses, un style qui nous rappelle la piété de nos pères, et la fait revivre au milieu de nous, par la résurrection de ces édifices sacrés, qui en reçurent les admirables manifestations.

Alors, comme le dit l'Évangile, les pierres parlent d'elles-mêmes : *lapides clamabunt*, et selon la belle parole d'un illustre orateur, Monseigneur Besson, évêque de Nîmes, c'est pour adorer avec une expression plus vive et plus touchante, que la sculpture a fait ployer le marbre et la pierre, sous le poids d'un respect nouveau. C'est là, mes Frères, ce qu'il importe de réaliser par la reconstruction du clocher de cette Église, de cette tour élevée qui doit dominer la cité : *erat turris excelsa in media civitate*, de cette flèche élancée qui portera bien haut vers le ciel, le témoignage d'une foi ardente et généreuse. Le clocher qui doit s'élever au milieu de ces demeures et de ces gracieuses villas, où s'abritent tant de nobles existences, est pour tous un véritable enseignement qu'il importe de méditer pour en mieux comprendre toute la signification et l'étendue.

I

Au sommet du clocher brille la croix : signe sacré de notre Rédemption. De même qu'elle domine le monde de sa divine hauteur, de même elle le pénètre par sa toute puissante vertu. Qu'il est beau à contempler, ce clocher qui nous montre le ciel, notre espérance et notre suprême fin ! Ausssi, mes Frères, quelle force dans ce premier enseignement qui nous est donné par cette flèche gracieuse à la construction de laquelle vos offrandes vont contribuer !

Le beau spectacle qu'elle nous offre, éveille et entretient, dans nos âmes et dans nos cœurs, un mouvement ascensionnel vers Dieu et le séjour de sa gloire.

Elle nous enseigne qu'il faut monter, nous aussi, et qu'il est nécessaire de s'élever bien haut par la pratique du devoir et de la vertu. Au lieu que tant d'hommes s'obstinent à tenir leurs regards étroitement baissés vers la terre, *statuerunt oculos suos declinare in Terram*, et ne veulent pas se souvenir de la belle parole du poète chrétien : l'homme élève un front noble et regarde les cieux ! le clocher, avec sa croix, nous apprend qu'il faut nous relever de nos défaillances et de nos chutes par le souvenir et la grâce de Celui qui a porté sa croix rendue plus lourde par nos péchés.

Elevez vos cœurs dans les saintes pensées et les prières ferventes ! c'est encore là ce que nous dit le clocher.

Écoutez son symbolisme, comprenez-en la beauté, vous tous, pour qui la beauté morale n'est pas un mot dénué de sens.

Plus vous vous élevez par les saints désirs et par les bonnes pensées, par les actions généreuses et les sacrifices volontaires, plus aussi vous donnez à votre âme cette pureté d'intention qui vous rapproche de Dieu : *incorruptio facit esse proximum Deo.*

Montez encore, âme chrétienne, et sans vous égarer en des rêveries inutiles ou dangereuses, qui vous détourneraient de vos devoirs, allez puiser là haut, dans la voie céleste, que le clocher couronné de la croix vous indique, la force, le courage, l'espérance, dont les tristes choses d'ici-bas détruisent trop souvent dans nos âmes les salutaires leçons.

En bas, en effet, c'est l'homme terrestre qui ne comprend pas les choses de Dieu — *animalis homo non percipit eaquæ Dei sent.* C'est l'homme sensuel dont les désirs sont limités et restreints aux biens éphémères de ce monde : *adhæsit in terra ;* en bas, c'est encore la peine et le désespoir. Mais, ô clocher béni ! quel magnifique horizon tu nous ouvre avec la Croix qui brille à ton sommet ! Nous allons chercher dans tes leçons, et tu nous apprends par ton élévation, que la terre ne saurait nous offrir un aliment digne de notre grandeur ! Nous n'y trouvons, pour emprunter la puissante parole de l'illustre conférencier de Notre-Dame (le R. P. Monsabré), nous n'y trouvons qu'une manne creuse et vide, et nous languissons sur des biens menteurs. Mais la vue du clocher nous rappelle le but vers lequel doivent tendre sans cesse notre volonté comme notre cœur,

Si vous gardez pour vous seuls, vos peines et vos ennuis, vos découragements et vos misères, sans les élever jusqu'à Dieu qui les bénit et les sanctifie, jusqu'à Jésus-Christ qui les rend supportables et leur applique la vertu de sa croix par un mérite réparateur, vous succomberez sous le fardeau et, comme le prophète découragé, vous nous écrirez : Seigneur, j'ai assez vécu, retirez-moi de ce monde !

Si, au contraire, vous suivez les pieux enseignements du clocher, vous ferez monter jusqu'à Dieu ce qui peut être en vous une source de mérites, ce qui est digne de louanges, ce qui donne à votre âme, en même temps que l'espérance Chrétienne, un bonheur qu'elle ne connaissait plus à force d'en avoir méconnu le bienfait.

II

En s'élevant au-dessus de la maison de Dieu, le clocher nous apporte un nouvel enseignement. Nous sommes dans une pressante nécessité de la grâce et de la vertu. Le clocher nous indique que nous trouverons sous son abri salutaire, la force, la grâce et la miséricorde au moment où l'opportunité de notre prière nous en assure le bienfait : *in auxilio opportuno*, le clocher devient dès lors pour nous, une tour puissante, un asile protecteur contre les assauts de l'ennemi : *turris fortitudinis a facie inimici.*

L'ennemi c'est le péché, et le péché nous le voyons trop souvent; nous en constatons l'existence.; nous ne savons pas assez défendre les portes de notre âme contre cette invasion du mal, et contre cette décadence qui nous marque d'un signe honteux celui de la défaite.

Il faut donc un rempart solidement fortifié qui assure notre sécurité contre les assauts de l'ennemi : *turris fortitudinis a facie inimici.* Elevez vous donc dans les airs avec la beauté d'un style vraiment chrétien ; élevez vous gracieuse tour, et soyez pour nous la sauvegarde et la sécurité. Vous êtes élevée ! soyez l'honneur de nos jours abaissés, et indiquez hautement qu'à votre abri tutélaire, et près de Jésus qui réside dans la sainte demeure dont vous serez le couronnement, nous trouvons la force contre le démon, et qu'ainsi nous combattons sans peur avec la grâce de Dieu, parce que nous voulons vivre et mourir sans reproche aux yeux de Celui dont nous ne devons pas trahir les droits, les intérêts et la cause. *Turris fortitudinis a facie inimici !* Pour nous, clocher béni, vous ne serez pas la tour de confusion, car nous vous regarderons toujours comme un symbole de confiance, de paix et d'union. Vous serez l'heureux résultat de cette foi qui transporte des montagnes de pierre pour en former ces puissantes assises sur lesquelles vous vous élèverez, comme une protection assurée pour toute la cité. Pour vous aussi, mes Frères, ce mot de clocher ne sera pas dépourvu de signification, et à l'encontre de ces mots qui n'expriment aucune idée comme le dit Tertullien : *cadavera nominum,* vous saurez du moins ce que signifie votre clocher.

Ce sera pour vous la tour de l'abondance : *abundantia in turribus tuis,* car il vous rappellera l'abondance des dons célestes, dont vous aurez goûté les charmes dans l'église dont ce clocher vous indique la place.

Il vous rappellera, en vous indiquant le chemin du ciel, que là vous devez vous préparer l'abondance des trésors célestes, que ni la rouille ni les vers ne sauraient atteindre et, qu'enfin, vous devez aller au devant de Dieu, dans le chemin du sacrifice, de la reconnaissance et de l'amour : *Exite obviam ei.*

III

Quand vous entrerez dans cette église pour y rendre vos devoirs à Dieu, par l'adoration de la prière et du sacrifice, quelle ne sera pas votre confiance à l'abri de cette tour protectrice qui vous indique la maison de Dieu et la porte du Ciel ! *Domus dei et porta cœli.*

En contribuant à la construction de ce clocher, vous servirez notre cause et vous assurerez vous-mêmes le succès de vos plus chers intérêts. Est-ce à dire, mes Frères, que vous limiterez à vous seuls, l'acte de charité que l'on attend de votre bon cœur et de votre foi ?

Ecoutez plutôt. La mer qui, à l'heure présente, en vous faisant bénéficier des salutaires effluves qui pénètrent votre être et réparant les fatigues occasionnées par les travaux, ne vous a montré jusqu'ici qu'un agréable spectacle et un azur qui reflète la pureté du firmament.

Pour vous, elle n'a pas été cruelle et perfide, comme le dit l'historien latin, *mare sœvum*, mais viennent les gros-temps et la saison des frimas! Nos marins sont partis : soutiens dévoués des chères existences pour lesquelles ils affrontent un danger sans cesse renaissant. Le ciel s'est obscurci, le vent s'est élevé : ce n'est plus la brise caressante ni le doux murmure que vous recherchez et que vous aimez; ce sont les mugissements de la tempête. Une brume épaisse a couvert la terre, elle envahit la mer, mais déjà les barques qui portent la fortune des familles sont en route pour le retour. Après trois jours et plus d'un travail sans repos, n'ont-ils pas bien mérité, nos vaillants marins, de retrouver la vie de famille avec ses joies si pures et si bienfaisantes ? amère déception ! impossible de s'orienter : la terre n'est pas en vue. — Ballottés de côté et d'autre, obligés de rester au large à cause de la tempête, quelle situation pour eux ! mais aussi quelle anxiété au foyer, dans le cœur de l'épouse et des enfants désolés ! L'impatience est rendue plus cruelle encore par le retard qui semble si long.

Tout à coup une éclaircie vient à se produire ; le voile épais de la brume dangereuse est percé à jour par un rayon de soleil : un clocher s'élève à l'horizon et montre sa blanche flèche aux regards fatigués de scruter l'étendue qui paraissait sans fin. C'est le clocher de Villers ! La route est retrouvée : la fatigue vite oubliée, et l'espérance est dans tous les cœurs !

Qu'il s'élève donc bien haut ce clocher de Villers, à la reconstruction duquel vont participer toutes les bonnes volontés et les offrandes qui en seront le précieux résultat. Qu'il porte vers le ciel l'expression de vos désirs et de vos espérances.

Dans quelques instants, mes Frères, vous ouvrirez vos rangs pour permettre aux nobles pourvoyeuses de la charité de recueillir vos offrandes. Ouvrez aussi vos mains pour donner, selon vos moyens, et surtout donner de bon cœur. Dieu, dit l'Ecriture, aime un don fait de cette manière : *hilarem datorem diligit deur.* Nous tenons tout de sa main libérable et paternelle : n'est-il pas convenable de lui offrir en retour un hommage si justement mérité ?

Et vous, Mesdames, qui sollicitez la charité des fidèles, accomplissez votre œuvre avec tout le dévouement et le zèle infatigable dont vous êtes pénétrées. On ne refusera pas une généreuse offrande aux pieuses instances de votre sollicitude pour cette belle et grande œuvre du clocher de Villers ! Vous servirez ainsi la cause de l'Eglise et la cause même de Dieu.

L'harmonie qui charme nos oreilles, et suscite en nous un plus vif désir des célestes concerts, n'est-elle pas la fidèle expression de l'union de nos âmes ? Tous, nous voulons concourir au succès de la grande œuvre dont j'aurais souhaité de mieux plaider la cause et les intérêts.

Puisse cette solennité nous apprendre à élever l'édifice spirituel, composé des âmes qui doivent habiter un jour la Jérusalem céleste, et les saintes hauteurs que le clocher nous désigne et nous montre constamment, comme une invitation à la conquête du divin royaume, où N. S. J. C. est allé nous préparer la place que je vous souhaite d'obtenir un jour.

Ainsi soit-il.

4829 — IMP. E. LANIER, 1 & 3, RUE GUILLAUME - CAEN